cerbyd
y wybod

geraint jarman

Gomer

Cyhoeddwyd yn 2012 gan
Wasg Gomer, Llandysul, Ceredigion SA44 4JL

ISBN 978 1 84851 477 5

Dymuna'r cyhoeddwyr gydnabod cymorth
Cyngor Llyfrau Cymru.

Argraffwyd a rhwymwyd yng Nghymru gan
Wasg Gomer, Llandysul, Ceredigion.

Ymddangosodd 'y newid' yn *tu chwith*, cyfrol 27, 2007;
'lliwiau positif', '*dolce*', 'baneri a thrawma', 'hinsawdd
arbennig o fwyn', 'bronnau bach berlin – 1989',
'cerdd i dewi prysor' yn *Barddas*, rhifyn 314, 2012.

Dwyt ti ddim yn rhywiol
dwyt ti ddim yn gry';
gawn ni fynd am dro rhyw ben
gawn ni yrru yn dy gar?
Swn i'n licio deud y gwir
ond mae'r ofnau yn parhau
cerbyd cydwybod
a'r drysau i gyd ar gau.

'Ambiwlans'
Tacsi i'r Tywyllwch (1977)

cynnwys

y gymraeg

mae styfnigrwydd ynddi
sy'n mynnu ffynnu
mewn tir diffaith

a thra bo'r creithiau'n
ffaith ac yn weladwy
i bawb

nid yw'r corff
yn gwaedu
hyd ysbyty

arhoswn beunydd
yn lolfa ein gobeithion
yn disgwyl newyddion da

tra rhywle ym mogel creadigaeth
gwn fod styfnigrwydd ynddi
sy'n mynnu ffynnu

y llaeth o fron mam
cyfeiliant ein telyn
fel cyllell drwy fenyn

siân

yn gyflwynedig i siân james a siaradodd gyntaf yn angladd
robert 'tich' gwilym mewn ffordd garedig a thyner ac wedyn
a ganodd i gyfeiliant ei thelyn un o ffefrynnau robert, yr alaw
'the water is wide'

mewn capel
dan ei sang
dan golled drom
gwilym
daw tynerwch
merch o faldwyn

prydferthwch
ei llais
a'i hawen
barhaol

a than gysgod
gofid y dorf
clywn drysor
ei henaid
a'i charedigrwydd
yn ymestyn hyd
ddyfroedd byw
at hafan
glyd

ei dwy law'n byseddu
clirder parhaol sain ei
thannau

hyn oll yn gyfatebol
i'r golled
yr wylofain
a'r dagrau

ac mewn ffor' lawen
yn ein hatgoffa'n iach
am natur gŵr oedd
yn caru ni i gyd

stic

darn o bren
atgof hen
goeden

fait accompli
fu'n claddu
hen feistri
gynt yn
gyfrwys –
gytbwys

twl e draw
manco i'r ast
ei mofyn
wedyn twl e
pen draw'r ca'

so nhw'n deall
dim glei?

ac wrth swpera
clywais lais
tyner yn galw
fi mla'n
ond 'nôl yr es
heb gasglu dim

o'dd y bwyd
yn iawn o
gysidro'r cwmni
er bod cariad wrthi'n
colli pwyse

siwrne af gatre
boddi fy hun
mewn cwrw a
disgyrchiant

a gwylio
rhaglenni am
walie a chypyrdde

ar fy nhaith
i'r twll
terfynol

trydan
cwt cyllell
y cnawd!

isel

fflatiau mwdlyd
llaid y bae
rheiliau isel ger
argae gloddu

troedio'r dap
o'r dociau
hyd glanrafon

tu hwnt
parc bute
i'r gwyll

afon taf
yn tywys
tra'n llifo
wrth ein
hymyl
fel yr awn
ni'r cryts
diarwybod
mor bell o adre

plant yn y
glaswellt a
thu ôl i'r coed
yn gweiddi wrth
ymgasglu

daw ofn
i'n cyfarch
hwythau
bron ar
gyrraedd
yna'r ymosod
a'r cwffio
y dyrnu
a'r benbleth
a'r syrthio
lawr cobiau
llethrog

yna'r rhuthr
a'r sgrialu
ei bachu hi
dros bont
canton
gwibio lawr
teras nant-oer
ninnau'n dal
fel petai'n
rhyw fil o
flynyddoedd
o unrhyw
ddrws ffrynt

adre fel hyn
'di gludo'n llugoer mewn

dŵr lled dwym
am byth mewn
bath yn gwisgo
rhyw olwg
anghymeradwyol

yn athronyddu
dechre drwg yw f'enw
diweddglo gwaeth yw'r
ffawd o'm blaen
'di lliwio'n llachar
ar fframiau cartŵn
fy addewid

votadini

er cof am yncl fred, yr athro a. o. h. jarman

gwelais ddull
y rhai ddaeth
o bentir wŷr
neithon dyfnwal frych

cell aberth
y serch angau
hwnnw a garwn
edmygwn

a gofiwch chithau tybed
y rhai ddaeth yn unswydd
fel aberth i'r *holocaust*?

amryw eu difa
a'u hymadawiad distaw
rhai o lwyth y dre
hyd 'n oed

mewn sawl man gwelsom
bennau'r rhai feiddiodd
codiad cryf kintyre
a gododd oherwydd
llofruddiad neithon

yna gwelsom wŷr talentog
mor bell o'u trefedigaeth
gan wawr y daethant
hwythau hefyd 'di sbarduno
gan ymadawiad neithon
ac yn ogystal domnall brecc

brein ae cnoyn

angel mewn gorsaf

amdo wen
yn goleuo
croen blawd
gwefus binc a
gwallt crisial

llygaid
sy'n dyst
i'r sbarc
drydanol

tafod
sy'n trafod
vérité rhywiol
y sgandal a'r
reportage
y gwisgo fyny

yr hwyl
wrth hwylio
cyffur ei
chorff

teimlais
yn wan
wrth iddi
sbio arna i
ac eistedd
wrth f'ymyl

shabu-shabu

corlan mewn
tŷ bwyta
yn shaboya
cell bambŵ
a'r *geisha*'n
gofalu

ac ar fwrdd
o'n blaen
pot dur
llawn dŵr
berwedig

ac ar blât
cig eidion
'di dorri'n
dena

bresych
cacenni toffw
madarch gwyn
a moron

ynghyd â
bowlenni saws
goma joya
pon-tu a *chilli*

poteli clir
llawn *sake* oer
a photeli llwyd
llawn *sake* twym

mae'r bwyd
yn ein meddwi
a'r *sake*'n
rhyddhau'r
corff o'i hoff
bryderon

ac i ddilyn
cawn sgwrs
chwerthin a
chwmpeini
ysgwyd llaw
ac wrth reswm
bowio

cerddwn yr hwyr
hyd shaboya
fy nghoesa'n
blwm
a rhywle
rhwng bwrlwm
y pafin a'r lôn
daw tacsis nwy
tokyo i'n tywys
i roppongi

clywn drenau
tanddaearol yn
gwibio drwy
oleuadau'r
system

ac ynghlwm
â phrydlondeb
hyn oll

tybiwn fod y byd
yn ei le

wrth gerdded
o'r stesion
tua'r gwesty
gwelwn
o'n blaen
robot
'di gwisgo
fel plismon yn
gwarchod
y lôn gul
rhwng
y gwyriad
a'r gweithwyr
sydd wrthi'n
trwsio'r lôn

wrth nesáu ato
mae'r robot
yn dechra
siarad â ni
gan ymddiheuro
am yr holl
anhwylustod

ninna wedyn
megis parti unsain
yn diolch iddo ynta
am y consýrn

ymhen dim
yn y gwesty
dwi'n gwasgu

botwm y lifft
i'm stafell wely
1,000 yen dinner
ond rhywsut
dwi ar y llawr
anghywir
a dwi'n teimlo
disgyrchiant
yn fy herwgipio
i mewn i
arcêd fideo
dig'wilydd
o brysur
a dwi yno
am awr
yn saethu
pob sgrin
gyrru pob car
cicio pob pêl
nes 'mod i bron
ag anghofio
pob dim

cwsg ni ddaw
a dwi'n cerdded
cyntedd y gwesty
allan i'r stryd
yn fy nghrys melyn
drud siapaneaidd
ac yn sbio ar
yr hysbysebion
llachar ar ben
fly-over

gwelaf gwen a cai
yn gadal y disgo
gyferbyn

'dwi newydd weld
yr hogan ddelia'n
y byd i gyd'
medda cai
gan wenu
tra bo gwen
yn meddal–lygadu
potal *gin*
anfarth
ar yr *hoarding*
yn y nen
uwchben
y *fly-over*

'sawl *kimono*
sgen ti erbyn
hyn cai?'

'llwyth' medda ynta
'da'r hogyn!'

'bora ddaw'
medda gwen

'mae yma'n barod'
medda cai

'well ni 'i throi hi'
meddwn inna

'bora ddaw'
medda pawb . . .

bronnau bach berlin – 1989

pa well na'i sŵn
ei thwrw hi
y swyn anghyffredin
sy'n chwalu'r crisial
hyd strydoedd
pob berlin?

clywn heno
sisial anferth
gwefus ger
y meic
clic pic
ar y gitâr
a mwmian amps

fy mabi arth wen
yn dawnsio ar iâ
mewn ffrog fyrlymus
yn chwythu swigod
champagne hyd rod
mwg clwb nos
parhaol y byd
i gyfeiliant
ei llais propaganda
a'i chordia smala

tyfa'i dawns
hyd orwelion
gwastadedd
ynghlwm
mewn nwyd

pan chwalwyd y wal
cododd ei chrys-T
gan ddatgelu ei
bronnau bach berlin
i'r byd newydd

din lligwy

mor annisgwyl
darganfod
pleser
rhyw em
fu yno rioed
ar draeth fu
unwaith
dan draed
sandalau

traeth paradwys
na pheintiwyd
yn lliwiau
pobl ddŵad
na lladrad ei datblygwyr
a'u hacenion
uchel ael
a'u crocs
dan draed

haul cymreig
sy'n twymo
ein tri a
chysgod
ci
a
llong fawr
'di parcio
yn disgwyl porth
dros don
ar orwel
draw

cap

mae cap yn fantais
ar bob achlysur
rhag y gwynt
a rhag yr haul
mae'n adnewyddu person
ac yn ei droi'n 'gymeriad'
ac os yw'r cap yn ffito
gad iddo'i wisgo

ar goll mewn cyfieithiad

gwasgarais gynnwys y bag
dros lawr fy stafell wely
sushi a serch
1,000 yen dinner
yn roppongi

chwerthinais
wrth gofio'r arwydd
a welais yng nghyntedd
y gwesty
'please don't smoke
and walk at the same time'

ystyriais y geiria
cwta cryno yma
ac eraill
fel y 'no pain no gain'
tu allan i'r *dojo bushido*

yn hwyrach
ym mharlwr y
gwesty moethus
gwelwn drwy'r
gwydr gyferbyn
waelodion pwll nofio

ac yno'n sefyllian
ar lawr y pwll
merch ifanc mewn
gwlybsiwt oren
wrthi'n glanhau'r tanc
efo'i hwfer pwerus

teimlais fy hun yn
syllu fwyfwy arni
a nobby fy nghyfaill
o tokyo
yn chwerthin
ar fy mhen

drannoeth ar y trên bwled
wrth fynd heibio
mynydd fuji
tarodd gruff sawl clic
ar ei gamera golff
sawl-llun-mewn-un

a wir i chi
ni wyddwn
nes cyrraedd osaka
taw'r akuso oedd yn
rheoli'r pachinko

a ninna ar
ddiwadd lens hir
a doedd dim sôn
am nobby'n unman
nes i mi deimlo'i ffrâm
ddu'n agosáu'n dawel

'we go now – they will kill you'

gadawsom ar unwaith

mair a eisteddodd mewn tŷ

ar ôl darllen *datblygiad yr iaith gymraeg*, henry lewis

yn hyn dilynwn ymlyniad
anfeirniadol wrth ddwy
brif egwyddor ddyneiddiol

sef parch at hynafiaeth
a'r gred fod amrywiaeth
yn bennaf rhinwedd
ar arddull

y frawddeg annormal
mair a eisteddodd mewn tŷ

yn hytrach nag
eisteddodd mair yn y tŷ

gwŷr ninefe a gyfodant!

dolig

o'n i 'n gneud cyri swp ar y pryd
pan glywais groeso mawr o'm cwmpas
dolffin o endorffin
drosta i i gyd
fel petai'r byd o'm cwmpas
mewn un màs gatholig dolig
angylion efo lipstic
a phibellau'r organ fawr
yn dew ac yn ddwfn

doedd o'm 'di pacio un o'i bresanta
roedd am adal hynna i santa clause
hynny yw yn ôl y cytundeb rhwng
y rhew a'r eira, y griter a'r carola

a pha nadolig nad yw'n alcoholig
yn enw crist?

fesul

rhwng y gwirionedd
a'r geiria
fesul un straen
'r ôl llall
gwelwn
bla yn ymgynnull o bell
yr arogleuon yn anghyfarwydd
a'r bryntni
yn ymledu'n frwd
ymysg y rhwd

a rhwng y gwirionedd
a'r geiria
ar ddiwedd nos
ac o nunlle
daw llais ataf
sy'n deud

'dos i'r tŷ bara yn fora
a gofynna i'r pobydd
am dorth drwchus
efo ffrwyth a chnau
a sbeis ynddi
tala flaen llaw
tala'r gwas ffisgal
ger y drws
ac wrth ymadael
gofynna am dderbynneb
a duda diolch

'gwena!
paid dangos ofn
nac unrhyw arwydd
pwy wyt ti

'a gofynna iddo
"a oes modd
cerdded anialwch
heb droi'n wallgo?"

'yna
gofynna iddo
"pia'r beddau
ym mro fy mebyd
a pha hawl
sy gan y gelyn
arnynt?" '

cawod

doedd neb 'di crybwyll
glaw ond daeth cawod
sydyn o rwla

pawb reit sbêsd
am chydig
egni y dŵr ma' siŵr

pawb yn hapusach
eu byd am
ennyd

rhyw brofiad
sy'n iro
sy'n ein glynu
mwy at ein gilydd

o'dd nhad yn deud
taw esgus am gwmni
fu ymbarél erioed

gwallgofrwydd llyn unigedd

mae'n cymryd trip mewn canŵ
i'th gyrraedd

mae'n cymryd hogyn dewr
jest i ddarganfod dy lan

ond dwi'n siŵr
o badlo ymlaen

fi?
na dwi'm yn nofio
dwi'm yn llywio chwaith
ond dwi yma o hyd
dwi'n siŵr o oroesi

tybiais nad myfi
ddewisodd
y felan

tybiais taw'r felan
ddewisodd
fi

gwallgofrwydd llyn unigedd
mae'n faleisus
mae'n dristwch
glas go iawn

hanner amser

un

gullit yn sugno oren
pelé'n pesychu
di stéfano'n corddi
hento'n hwyr gysgod
ar yr asgell chwith
a'i gic yn nythu
yng nghefn y rhwyd

pob gôl-geidwad
streicar
amddiffynnwr
canolwr
yn chwara'n ddwfn
neu'n chwara total
johan cruyff

john charles
y cawr caredig
yn sgorio gôl
fendigedig
syth i'r popty

dau

hanner amser a
morys yn wyllt
mewn minor
têc-awe tu draw i'r cob
a sgrech côr genod
tu hwnt i'r amod
a'r pryd pan
fydd barod
yn wledd i'r criw

tri

colli rhwyd mewn môr stormus
colli brwydr yn druenus
colli ffrind i'r ombeidus
colli bod mewn tŷ cecrus

waliau sych

er cof am fy nhaid, gruffydd owen bodffordd

safwn o bell yn dilyn llinyn
wal
a'i phatrymau

wal gerrig
heb sment
sy'n sefyll
pob gwynt
a thywydd
fel petai
rhyw arglwydd
'di gosod sylfaen
a rhoi caniatâd
urddasol iddynt
fodoli

lliw gwlân
y defaid
ynghyd
â lliw'r cerrig
wrth iddynt glosio
at glawdd
dan ddyfnder
y rhuo a'r oerfel
megis rhyw
frith gof

hinsawdd arbennig o fwyn

roedd y gwynt yn nychu'r graig noson honno
a thonnau'r môr yn herio a dwyn cerrig o'r glannau
ond yn bora roedd 'na hinsawdd arbennig o fwyn

ac wrth droedio sylwais fod giât cae-bach
ar agor a'r rhwd melyngoch fu arni wastad
yn effro ac mewn ymgom efo'r llwyn

tybiais fod un ddeilen llawn sbonc tocyn loteri yn
sgwrsio â rhwd y giât ac yn deud fel 'sa hi'n licio
gadal y llwyn a dilyn y llwybr gerbron . . .

doedd dim ymateb gan y giât gan 'i bod 'di treulio'i
holl fywyd yn siglo'n ôl a mlaen weithiau ar agor
ac weithiau ar gau ac weithiau ynghlwm mewn tsiaen

ac wrth i mi gerdded y llwybr adra am swper teimlais
a sylweddolais fod 'na hinsawdd arbennig o fwyn

pethau tal yn syrthio

twin towers 9/11

weli di fanna
yn ymyl y sbecs
haul?

ia 'na chdi
'na hi'r organ geg
hannar marw
sy angan finegar
a mwytha

'na chdi
ar ben y lle tân
yn ymyl cardia
pen-blwydd nain
wel' di?

duwadd
ma' 'na lun fanna
o'r bobl ddaru
neidio o'r twin
towers

mi ddarllenais rwla
fod aeloda o staff
y berth
ei giang o
greudodwyr
yn honni eu bod
nhw'n llyfrgwn am
yr hyn a wnaethant

ac y dylent gael eu
diddymu o'r archif
ofnadwy 'de!

o'n i wrthi'n creu
cerdd am bethau tal
yn syrthio
ond sylweddolais
'mod i'n gwneud yn ofer

euthum yn ôl
at fy ngwrdy
yn ôl at y
petha parhaol

don't give me ethical statements

how did she react?
happy as larry
she was white as ice-cream
brilliant she approved and disapproved at the same
she swung both ways you mean?
exactly unless she was busy
how come she had that dart in her face?
oh that was her mother that was
oh didn't she used to live on chicken drumsticks?

encore

o'dd hi'n *spreadeagled* ar fonet y tacsi
ar y pryd yn ei *sad satins* a'i phlatfforms
o'dd hi'n gallu symud yn glou pan o'dd hi moyn
fel pan hedfanodd yn sydyn oddi ar y car
a glanio mewn pwll du tu allan i'r clwb
nos . . .

o'n i'n tendio fy ffrind ar y pryd . . . roedd un
o'i hysgyfaint newydd golapso a phan godais
fy mhen gwelais ryw wrach ddiserch
yn siglo ei stwmp o'm blaen . . .

'be ti'n neud am *encore* cariad?'
medda'r bownsar wrth y drws
''sdim clem 'da fi' medde hithe
'so i byth yn gwneud mwy nag un set!'
o nunlle daeth y cerbyd cydwybod

petawn i 'mond wedi canolbwyntio mwy yn yr ysgol

clowyd ein bywydau am dro byd
mewn rhewgell

gorweddwn ynghyd
mewn *tupperware*
'di lapio mewn cling-ffilm

mewn cell lle roedd
pob wal llawr a nenfwd
yn blastic pur

anodd oedd anadlu'n gyson
ninnau'n tasgu wrth chwysu

crefasom ar adegau blât agored
efo bwyd môr a physgod a salad
a finegar balsamic a pharmesan arno

agorwyd drws y gell
sawl tro
daeth golau arnom
yn gyson

ond ar ôl tipyn
wrth ddyfalu pethau
sylweddolom
fod gweld realiti
yn fwy o biti
na'i brofi

bellach
yn y sin bin
ymysg y bagia du
gwyddem fod 'na
sicrwydd pell o leia

y daw dyn un dydd
ar ei drafels
i'n casglu
a'n bwndelu

y newid

pam 'dan ni'n herio'r hyn sydd ohoni eto eleni?
ai hon yw'r lôn osgoi ddaeth â'i threfn ei hun?
ai am fod ein tueddiadau dadeni a'n sbectol dywyll
llawn siom a sŵn *blues* gofidus hen organ geg
yn adleisio'n barhaol drwy'r *ghetto* tu ôl i'r stryd fawr?
ai dyna'r rheswm?

mor gyfleus dy grefydd wyt ti a'th anialwch newydd
dy storm dywod a'r lôn fach ger dy gartref
sy'n ein harwain yn ôl i'r cychwyn
gyda'r cerddediad cyntaf agweddol . . .
gan gario ymbarél am sbel fel nad oes neb
yn gwlychu dan nen dy nefoedd nepell o unman . . .

ni hoffais i erioed y ffens rhwng dy anial gwyn
a'th gysur groen esmwyth . . . e.e. . . . styria'r byrlymus
mae mwy ar dy grys na dy groes
ac nid oes medd sy'n bod sy'n fodd i fyw . . .

darllenais unwaith mewn du a gwyn nad oedd lliw'n bodoli
oedd fwy llachar na lliw sant mewn pasiant gan stalin
a thechnoleg y creu megis maneg dynn
ar fysedd gwyn sy'n pwyntio . . .

cadwa dy lygaid i chdi dy hun
rhag i'r dall dy ddal yn nhywyllwch dy arferion

mared

gwych ei gweledigaeth
hardd ei harmoni
digri ei jôcs
a'r ffordd
mae'n edrych ar y byd
a'r betws

hapus ei henaid llawn bywyd
a'r direidi sy'n dilyn
wrth chwythu'r sacsoffon
neu wrth fwrw'r piano'n dyner
mae pob alaw'n synhwyrus
a'i cholled yw ein cyfrifoldeb ni

ni ddaw haf iddi eto
dim ond hydref parhaol
haul isel a lleuad lwyd
yn ei chwmni byddaf
pan ddaw dydd terfyn
a rhyw fath o *anti-pasto miso*
neu bethau ar blât
credo bwyd ein bywyd

cofio pan oedd blentyn
ei llaw'n chwildroi fy ngwallt
ein byd yn troi'n freuddwyd
am yr olaf dro

mae Mared yn uned
sy'n aeddfed ei chynnwys
a'r hyn sydd o bwys
yw bo' ni yn ei gweled

ofn byrdda smwddio

i sushi'r ci

mae'n cymryd cryn dipyn
i fyw mewn ofn
byrdda smwddio

ac wedyn
cymerwch
chi'r hwfer

a phlant
yn ffrwydro
pacedi crisps
yn y parc

does dim rhesymeg
dim eglurhad
'mond braw

difrycheulyd

y pasiant
yn y sgwâr
yn bwerus

sawl un
yn wylo'n
unswydd
hyd eglwys
ei gweddi
pob un yn
hybu'r llall
ar ei ffordd
i baradwys

tyner yw tiwn
y tenoriaid
a llafariaid y
defosiynwyr
cadarn eu cred

yn cofio fel tyfodd
croen dros bridd
salwch

y salwch oedd
yn cnoi tyllau
yn sgerbwd amcan

cas iddynt oedd
gorfod gadael
cymaint ar eu hôl!

portmeirion

ni welais hud
hyd heddiw
ac wir roedd yn driw
i fyd fy mreuddwyd
fy nghorlan mewn coedwig
ger mynwent y cŵn

mewn gaeaf heb ddail
gwelwn yn glir drwy frigau
hyd lethrau a
lliwiau'r adeiladau

ac fe'n cysgodwyd
rhag y gwynt
gan dywysog tywys
hyd lannau bae a thraeth
ac ynys pob cyfrinach

o leia cyrhaeddais
y waedd heddychlon
oddi fewn i'r galon
sŵn carreg ar lyn
fel syn-drym
a'i adlais yn rhewi

ym mhorth yr iâ
gwleddais gwenais

a chysgais yn ei
chysur

blodyn cleddyf

blodyn cleddyf hirdymor
aduniad o liw
a chrefft
pa mor hir nawr
ers i ni gwrdd?

amser parti

mae'r un yn
y ffrog werdd
yn y gegin yn
drysu fy syllu
fel wy'n meddalu
dan gynhesrwydd
ei ffwrn

ffasiwn

mae'r newydd gyda ni o hyd
felly byddwch yn ymwybodol
o'r hen strategaethau
dan yr wyneb

hynny yw

hynny yw
hon ar ei phen ei hun
yn noeth dan din

hynny yw
ei harddwch
a'i rhyw gloyw
byw yw'r braw blin
sy'n gwrthod y galon newydd
ac wfftio'r grant bant
i berfeddion y bloneg
bondigrybwyll

hon ar ei phen ei hun

encil

arhoswn ble ry'n ni am nawr
anghofiwn wraidd nomadaidd
ein symud a chawn hoe cyn
y daith i'r diffaith

cawn hoe a chyfle
i newid gwedd a
chysidro gofynion y
tywysogion blewog
canllawiau'r
pregethwyr piwritan
ac anghrediniaeth
y gwallgofion

yn ôl y rhai sy'n gwybod
y rhai a redodd yn bell o'n blaen
wel ma' nhw'n dweud fod y newydd-deb
fu'n gyson erstalwm
bron ar ben

a hyn oll wedi iddynt edrych hyd orwelion
ac ar ôl iddynt weld seirff dieithr wrthi'n
paratoi i ymosod

tybiwn felly fod geiriau'r proffwydi
am y seleri llwyd hirddwfn a'r
sgerbydion byw sy'n trigo ynddynt
ac sy'n dal yn driw i'r achos
yn wir

ar ysgafn droed
mae crwydro
llwybrau'r goedwig

caerforiog

haf 1969

lan i'n penglinie
mewn mwd afon
ar brynhawn
crasboeth
o haf

y gwartheg
yn cysgodi
yn yr afon
dan bont
garreg
lle mae'n
cŵl

a ninne'n dilyn
yn un haid
un annibendod
mawr
yn rhydd
ac yn
gytûn

o ble
dda'th y gole
mawr gynne
tybed
o'r weun
ynte'r gofod?

mae gari yma
ond yn dal yn bell
'sdim modd

ei gyrraedd
nes yn hwyrach

a syd fel petai
ar feic modur
yn edrych ar
ei adlewyrchiad
yn y drych adain
mewn braw

ma' wizzie
ar gefn copper
a bethan yn y pram
tessa'n pobi
a choginio
a mihangel ei hun
yn 'sgota 'da
john knapp fisher

daw mihangel
yn ôl â basged
o fecryll y tonnau cam

cyn hir
cawn wledd
o bysgod
a gwin
sleisen
o hapusrwydd
ac eiliadau
o ddistawrwydd
fydd yn para
am hir

ras iâ yn salt lake city

helmeda melyn
gwisg rwber
a'r breichia
tu ôl i'r cefn
ran amla

y pen yn arwain
'di plygu mlaen
a'r straen yn gry
ger pob troad

a phan
ddaw'r cwymp
cymerai ffawd
pwy bynnag
licia hi
allan o'r ras

clywn glec
dros yr iâ
a gwaedd hir
hyd y gwahanfur
a phrofwn
ymadawiad
cadernid
drwy lenni glas
oerfel

sglefria'r unedau carbon
hyd gwter terfyn

does neb yn maeddu neb
does neb yn haeddu gwobr

eu gwobr yw yfory eu cof

peswch

ar ddiwedd dydd
diflannodd yr hud
a lledrith
fel dyn llefrith
yn newid poteli

darfu rhyddid ffug
ein ffwlbri
fel addurniada dolig
yn diflannu
i'w bocs
am flwyddyn arall

disgynnodd cysgod
dros y tŷ

ffrwydrwyd
holl arogleuon
ein hapusrwydd
mewn un pesychiad

ffliciwyd switsh
gerbron bys a
boddwyd cyfrinach ein byd
mewn tywyllwch
llachar

cerdd i dewi prysor

gìg steddfod meifod 2003

angen pabell
fwy arnat
mwn
yp-grêd

mwy o le
i'r rhai bach
freuddwydio'n
braf dan nen
cymru

deud diolch
ydw i
prysor
ŵr da
am y
gìg
ym mhabell
meifod

felly estynnaf
dub atat
dub da
efo gafal
dub dread
hen daid
fel fi

dub sy'n
oedi'r eco
dub
sy'n dwyn
i'r dim
dub
gweun parc
y blawd
dub waldo

dub sy'n
dyfalu
maint y cae
mae'n trigo
ynddo

dub halan
rwla rhwng gwerth
a phrisia'r farchnad

dub sy'n herio
digwyddiadau'r
pen draw

dub sy'n dallt
y cloc ar
y wal

dub sy'n
sylweddoli
maes o law
ac yn gofyn

sut ma' byd
heb docyn
mynediad

yn medru
cerad i fewn
i'r gìg
heb unrhyw
wrthwynebiad?

yr srg a fu

roedd 'na lwch yn chwythu'n fain
a ffa coffi mysg y drain

a bob delyn tymor rasta
jecsyn ffeif yn byw'n bethesda

fel atyniad ychwanegol
fflapiau'n herio'r ystrydebol

tynal tywyll fel bol du
a dyn cregyn llawn cachu

tra bu'r maffia yn teyrnasu
roedd 'na hud a lled i'r gwely

ond rhyw anhrefn ddaeth gerbron
rhai fu'n dwrdio pawb o'r bron

ail ddiffinio hanes cymru
tra yn nhŷ john peel yn gweini

fel y meistr ein mihangel
hogyn drwg sydd eto'n angel

gen i fwnci sy'n seicotig
a datblygwr sgitsoffrenig

gen i gyrff sy'n chwarae'n lân
codwyr canu gwlad y gân

asgwrn cynnen

bu afon yma unwaith
llif rhaeadr
cerrig glas a llyn
pen draw bryn isa
wel' di?

cader ger y bwrdd bwyd
a chawl llawn stêm
broth gwlyb
ar fy ngên
yna'n sych

a'r graffiti ar wal ein byd
ynghyd â bwth-ffoto ein
pasbort i'r fall

mae gan bob *gob-shite*
y gallu i gachu ar dy ben
yn bownsio'n feddw yn
erbyn walia ei sahara ei hun
a chystadlu yn steddfod y
meddwon yng nghystadleuaeth
'disgrifiad meddwol o gymru a'r
cymry'

bu drws yma unwaith
drws fu'n agor a chau

'y drws na ddylem ei agor'
meddai manawydan

mae saith sill mewn cywydd
pedwar cornel mewn cae

beth ddigwyddodd i'r bugail tybed?

i ba le y crwydrodd
defaid ein cymreictod?

haearn a rhwd

heddiw'n
llwyd a
diflas

amhosib
anadlu

dim haul
dim deffro
a dwi'n
mygu

rhyw dwyll
sydyn yn
bradychu'r
dydd

rhyw faich
sarrug

a dwi'n ca'l 'y nal
yn hegar

'esu . . . hen lol 'de
ma'r hogia *beat*
'ma'n siarsio
am y rhew
hyd yn oed!

tri yn y bora
ac ma'r snichyn
croen-galad
yn dechra
trafod harddwch!

felly
lle mae o?
lle ma'r ffycin
harddwch yma?

a pha un ohonoch
na'th droi fi'n hyll
jest am ofyn?

baneri a thrawma

gen i faner
ond dim awel
i'w hwylio

mapia buddha
rhifa ffôn trybini
eang a phell

yn nerbynfa
argyfwng
mae pawb yn disgwyl
i'r cnoad lyncu'r
abwyd

ac ar ddesg gofid
gwelaf
amlenni trist
'di cyfeirio
ond yn dal heb
lythyrau o
eglurhad

a thu allan yn
yr iard ffwrnais
ma' 'gofidiau' newydd
yn pentyrru'n
ddyddiol

'breuddwydion
gwenwynol'
'cyfrediadau silff'
ac 'addewidion' hir-
ddiflanedig

i ba le ciliodd
eich nefoedd
pan nad yw
strangetown
yn fodlon caru
dyn fel fi?

shaman

noson oer
lleuad lawn
lluwch eira'n
taflu'i bwysa
hyd y cloddia
'n chwyrlïo
uwch ein penna

ac o bell
sŵn cŵn
ar ddod
a chri fain
pib uchel
yn llenwi
pob man

wedi'r cyrraedd
ma'r shaman
yn dringo'r tipi
'n ddistaw bach
heb styrbio neb

ac yn y bora fe
anwyd y bychan
yn holliach
wedi chydig o foddion
o'r ffiol

ac yn y bora
yn ôl y sôn
clywodd rhai
sŵn cŵn
a phib uchel

a gwelodd rhai
gysgod tywyll
wrthi'n ceisio
herwgipio'r wawr

lliwiau positif

yn gyntaf
llwyd
cymysgedd
o'r cyfnos
a'r wawr
gyda glaw
glas tywyll
a llif du
afon taf

darts

mae dau ddeg saith y cant
o enillwyr y loteri
yn cuddio'u tocyn
yn eu bra

ma' wyth deg y cant
o ferched yn hoffi
derbyn nicers
fel anrhegion

gwir yw
'dyn nhw ddim ar linyn
darts hynny yw

cewch gasglu
modrwyau signet
breichledau a
tsiaeniau aur

cewch adeiladu'r cyhyrau
a phrynu'r crys o hawaii
ac wedyn . . .

one hundred and eighty
dybl top
ac i orffen
dybl ten

yeah!

dartia bendigedig . . .
'sdim lle i'r
iseldirwr yma!

dolce

daw i fewn
o'r oerfel
yn hanner noeth
llawn cleisiau
dim bagiau

yn erfyn tebot
caredigrwydd
gogyfer â'i
esgyrn

a chwpan
o felysrwydd
yn ei de

ei wefusau trist
'di plygu ar
gaead

syllai ar ei
dorch llawes
dreuliedig
a'i sgidiau
toredig

ni chlywai
saim sgandal
yn ffrwtian
na hob amser
yn berwi

edrychai draw
tua'r düwch
yn cogio'i fod
ar *blind date*
efo bywyd

yn hwyrach
wrth dorri brigau
i'r tân
ac wrth iddo
addurno'r
traeth efo'i
flanced

daw giang o hogia heibio
a'i guro'n ddidrugaredd
jest am yr hwyl

dail chwennych

ma' dail
chwennych
yn cwympo
o'r goeden yn
ddyddiol

gwyliaf eu
llithriad
kamikaze
i'r llawr

wrth iddynt
ymdoddi'n
y glaswellt
gan greu crud
o frodwaith
hud ar bafin
a gwter gwag

ma'r hydref
'di gwario'i
geiniogau i gyd
bellach

yfory daw
glanhawyr
y cyngor
heibio
yn eu
cerbydau
a hwfro'r dail
chwennych
i gyd i
ffwr'

cytundeb

yn y llonyddwch
mae'n tynnu ei ddillad
ac yn synhwyro'i gorff
o fewn gwasgaredd

ni ddaw'r ast i'r twll
yn ffens mwyach
mae'r banc 'di cau
'wrach bo hi 'di ildio siawns
i'r bwledi iâ
a'u dawns ddoniol
dro 'nôl

y mwstwr
rhwng y gorfoledd
a'r ailadrodd jôcs
hyd syrffed

pechodd y bugail
o flaen ei gymdogion
collwyd cynulleidfa
oedd dan ei sang

ger yr ymylrwydd
does dim lliw
dim dynolrwydd

dyma'r gwreiddiol
mae'r *repeat* 'di bod!

picnic

'mond crystyn
sydd ar ôl
bellach
ma' sancsiwn
ar y gweddill

o hyn ymlaen
bydd
cariad
cyfoeth ac
unrhyw
fath o iechyd
dan faner
trysorlys
rhywioldeb . . .
a bydd treth
arno . . .
dallt?

mae ganddoch chi
bŵer a dylanwad
mawr ym myd
archfarchnadoedd

yn enwedig ym
myd bwyd meddal
nwdls porn
cyw iâr mewn
lingerie
o 'da chi mor cŵl!

ond i mi
mewn cell gudd
ymhell o hyn oll
gwelaf y bod
sy'n addurno
dy edrychiad

dy wallt rhuddgoch
dy sgidia tal
a'th ffrog *gingham*
fel lliain bwrdd
rhyw briodas golledig

a deud gwir
'sa ti'n gallu gorwedd arno
a'i alw'n 'kidnapped'!

picnic 2

sbia draw
tua'r môr
a'i orwel

weli di nhw'n
codi llaw?

'sdim peryg 'u bod
nhw o ddifri
oes 'na?

o'n i'n styried
taw *prats*
ar eu gwylia
oeddan nhw

'o del fanna
o yli
ma'r pryfaid bach
wrthi'n cyrchu
eu gwrid lletglir
ar wyneb y don
o dyna brofiad!'

'sbia ma' nhw o ddifri
all hands are on deck
ond 'sdim bad achub na chwch
i'w weld yn unman'

dim ond sŵn
chwibanu a
gweiddi ffrantig

hynny oll
a'r oerfel
cyn y boddi

ceirios

croen coch
a charreg yn
y canol

blas
sudd
fel
hen drefn
ymfflamychol

cnawd
llawn rhyw
carbon
ein dyddie
prin

oblegid
yn y pen draw
'mond llwch
ceirios
ein cariad
sydd
weddill

fin

ting zippo'n adleisio'n glir
yng nghwpwrdd cornel fy mhen
a'r *los nicotinos* yn rhuthro'r gwaed

dyma'r ril ola
medda'r dyn camera
felly ma'n hanfodol
dy fod ti'n bwrw'r marc

cerddaf yn ôl i'm safle cynta
a'm coesau'n drwm
fel llefaru orson welles